Das
positive
ABC

Ein kleines Buch für zur Motivation
für Jeder-(mann) & (frau)

26 Worte voller Kraft –
für Gedanken mit Richtung,
für Herzen mit Tiefe,
für Schritte mit Sinn.

Michael H. Janssen
März 2025

Warum ein **ABC?**

Weil wir manchmal neu anfangen müssen.
Weil Worte Wegweiser sein können.
Und weil das Leben ein Alphabet der
Möglichkeiten ist.

Dieses kleine Buch ist kein Ratgeber.
Es ist eine Einladung.
Zum Nachdenken.
Zum Spüren.
Zum Neu-Sehen.
Jeder Buchstabe schenkt dir
ein Wort –
ein Gedanke,
ein Impuls,
ein Stück Haltung.

Du kannst es von vorne nach hinten lesen.
Oder kreuz und quer.
Ein Wort am Tag.
Drei beim Frühstück.
Oder alle auf einmal an einem stillen
Abend.
Oder Notizen auf der linken Seite machen.

Es ist für dich.
Für dein Inneres Team.
Für dein Selbstgespräch.
Für das Leben, das dich fragt:
„Wie willst du mir begegnen?“

Möge dieses ABC dein Denken lenken,
dein Herz stärken
und deine Schritte klären.

NOTIZEN

A wie …

ANFANG

Ein Anfang ist vorsichtig.
Nicht laut, nicht fertig, nicht perfekt.
dafür mutig.

Ein Anfang weiß nicht alles –
er will gehen.
Er zögert, stolpert, sucht.
Doch er bewegt.

Anfangen heißt:
Ich nehme mein Leben beim Wort.
Ich höre den Ruf – und antworte.

Anfang ist immer jetzt.

NOTIZEN

B wie …

BEGEISTERT

Begeisterung ist der Funke,
der überspringt –
plötzlich ist da Licht.

Begeistert sein heißt:
Ich bin berührt.
Ich bin drin,
mit Haut und Herz.

Begeisterung sprudelt über,
kennt den Sinn.
Sie ist echt,
und darum ansteckend.

NOTIZEN

C wie ...

CHARMANT

Charmant ist leicht,
nicht oberflächlich.
Es ist Freundlichkeit mit Wärme.
Respekt mit Augenzwinkern.

Charmant ist,
Begegnungen fühlen sich gut an –
ohne Verpflichtung,
jedoch mit Verbindung.

Der feine Ton
zwischen dem, was gesagt wird
und dem, was mitschwingt.

NOTIZEN

D wie ...

DANKE

Danke – ganz einfach. Und doch ganz viel.

Danke für den Kaffee.
Danke für die Einladung.
Danke für das Geschenk.
Danke für die Zeit.
Danke für das Gespräch.
Danke für die Offenheit.
Danke für das Sorgen um die Seele.
Danke für das Gebet.
Danke für den Segen.
Danke für mein Leben.
Danke – endlich sage ich:
    Danke für alles.

NOTIZEN

E wie ...

ERFOLG

Erfolg ist nicht laut.
Nicht immer sichtbar.
Nicht nur messbar.

Erfolg ist:
ich gehe meinen Weg.
Ich tue, was ich liebe.
Ich stehe auf – immer wieder.

Erfolg ist auch:
ich habe mich nicht aufgegeben.
Und das zählt.
Vielleicht mehr als alles andere.

NOTIZEN

F wie …

FREI

Frei ist:
ich muss nicht mehr kämpfen,
um mir selbst zu genügen.

Frei ist:
Ich darf entscheiden.
Ich darf atmen.
Ich darf loslassen.

Freiheit beginnt im Innersten.
zeigt sich im Kleinsten:
In einem Nein, das sich gut anfühlt.
In einem Ja, das von Herzen kommt.

NOTIZEN

G wie …

GELASSEN

Gelassen nicht gleichgültig.
Nicht egal – sondern innerlich weit.
Nicht passiv – sondern wach ohne Druck.

Gelassen atmet.
Gelassen lässt los.
Gelassen weiß:
nicht alles liegt in meiner Hand.

Gelassen ist:
ich bleibe – während die Welt sich dreht.

NOTIZEN

H wie ...

HOFFNUNG

Hoffnung ist nicht naiv.
ist stark – gerade im Zweifel.
Sieht, was noch nicht ist –
und glaubt daran.

Hoffnung heißt:
Ich rechne mit Gutem.
Ich bleibe offen für Wunder.
Ich bin bereit, neu zu vertrauen.

Hoffnung ist der erste Schritt,
auch wenn ich den Weg noch nicht sehe.

NOTIZEN

I wie …

INSPIRIERT

Inspiration ist ein Hauch.
Ein Flüstern.
Ein plötzlicher Gedanke,
der das Herz erreicht.

Inspiriert heißt:
ich bin berührt –
von einem Wort,
einem Bild,
einem Moment.

Inspiration bringt uns ins Schwingen.
Mit uns selbst,
mit der Welt,
mit dem, was größer ist als wir.

NOTIZEN

J wie …

JA

Kein Vielleicht.
Kein „Wenn du erst …".
Nur: Ja.

Ja – dafür, nicht dagegen.

Ja – zur Person.

Ja – zum Werdegang.

Ja – zu den Emotionen.

Ja – zu den Diskussionen im inneren Team.

Ja – zur Spannung in mir.

Ja – weil Gott längst Ja gesagt hat.

Ja – weil Gottes Ja durch kein Nein der

Welt ausgelöscht werden kann.

Ja – so kann ich schlafen.

                   Sicher schlafen.

NOTIZEN

K wie …

KREATIV

Kreativ ist das Neue, das sich traut.
Der Gedanke, der aus der Reihe tanzt.
Der Stift, der den Rand überschreibt.

Kreativ ist Chaos mit Richtung.
Spiel mit Ernst.
Farbe auf dem Grau.
Ein Zwischenruf – ein Anfang.

Kreativität fragt nicht: „Darf ich?"
Sie fragt: „Was wäre, wenn …?"

NOTIZEN

L wie …

LUSTIG

Lustig ist mehr als ein Lachen.
Es ist ein Glitzern der Seele.

Lustig ist die Leichtigkeit, die sagt:
„Ich nehme mich nicht zu ernst.“
Es ist das Stolpern und Weitergehen.
Das Kichern beim Beten.
Das Lächeln, das überbleibt,
wenn der Spaß längst vorbei ist.

Lustig ist heilsam.
Und manchmal der Anfang von Hoffnung.

NOTIZEN

M wie …

MUT

Mut ist nicht laut.
Manchmal nur ein Atemzug.
Oder ein erster Schritt.
Oder das leise:
„Ich mach's trotzdem."

Mut ist das Ja im Angesicht der Angst.
Mut steht auf, will nicht einknicken.
Mut liebt, ohne Garantie.
Mut glaubt, obwohl er zweifelt.

Mut beginnt im Innern.
Und wächst, wenn du ihn gehen lässt.

NOTIZEN

N wie …

NEUGIERIG

Neugier ist kein Mangel – sondern
Reichtum.
Ein offenes Herz für das,
was noch nicht vertraut ist.

Neugierig heißt:
ich will wissen.
Ich will verstehen.
Ich will erleben.

Neugier ist der Anfang von Erkenntnis
– und oft auch von Beziehungen.

NOTIZEN

O wie ...

OPTIMISTISCH

Optimistisch ist nicht blind.
Ein Sehen mit Licht.
Inneres Wissen:
da kommt noch Gutes.

Optimistisch heißt:
ich traue dem Morgen.
Ich rechne mit Gelingen.
Ich pflanze –   auch wenn ich den Ertrag
                nicht sehe.

Optimismus ist kein Schönreden.
Es ist ein Schön-Glauben.

NOTIZEN

P wie ...

PRÄSENT

Präsent sein heißt:
ganz da sein.
Mit Körper.
Mit Blick.
Mit Herz.

Nicht im Gestern,
nicht im Morgen –
sondern: im Jetzt.

Präsent sein ist ein Geschenk.
Für andere.
Und für mich selbst.

NOTIZEN

Q wie …

QUIRLIG

Quirlig ist lebendig.
Beweglich.
Neugierig.
Ein bisschen wild –
voller Lebensfreude.

Quirlig ist das Kind in dir,
das nicht stillsitzen will,
weil es noch spielen, staunen, singen
möchte.

Quirlig ist erlaubt.
Und manchmal genau das, was fehlt.

NOTIZEN

R wie ...

RESILIENT

Resilient ist,
wenn du fällst –
wieder aufstehst.
Nicht unverletzt,
jedoch unbezwungen.

Resilienz wächst im Schatten
und blüht im Licht.
Sie sagt:
„Ich bin stärker, als ich dachte."

NOTIZEN

S wie ...

SELBSTBEWUSST

Selbstbewusst heißt nicht:
Ich bin besser als du.
Sondern:
Ich kenne meinen Wert.

Ich weiß, wer ich bin.
Was ich habe.
Was ich kann.
Was ich darf.
Und was nicht (mehr).

Selbstbewusst ist keine Pose –
sondern eine innere Haltung.

NOTIZEN

T wie ...

TRÄUME

Träumen heißt:
ich sehe mehr als das Sichtbare.
Ich sehe durch Herausforderungen.

Träume öffnen Räume.
Für Möglichkeiten.
Für Zukunft.
Für Hoffnung in Bildern.

Wer träumt,
öffnet dem Leben die Tür.

NOTIZEN

U wie ...

UNABHÄNGIG

Unabhängig heißt:
ich kann – ohne zu müssen.
Ich darf – ohne Erlaubnis.
Ich bin – ohne Maske.

Unabhängigkeit ist kein Rückzug,
sondern ein Innenstandpunkt.
Ich stehe.
Ich ruhe.
Ich wähle.

NOTIZEN

V wie ...

VERBUNDEN

Ich bin nicht allein.
Nicht im Lachen.
Nicht im Weinen.
Nicht im Verarbeiten.
Nicht im Fragen.
Nicht im Ertragen.
Nicht im Glauben.

Verbunden mit Menschen.
Mit Momenten.
Mit dem der über dem Leben steht.

Verbundenheit trägt.
Auch wenn alles andere wankt.

NOTIZEN

W wie ...

WERTVOLL

Wertvoll heißt:
ich zähle.
Ich wirke.
Ich bin gemeint.

Wertvoll ist nicht laut.
Strahlt still.
Spürbar.
Für mich – und für andere.

Wertvoll ist das,
was mit Liebe gesehen wird.

NOTIZEN

X wie ...

X-Faktor

X – das Unbekannte.
Das Besondere.
Das, was mich ausmacht,
ohne dass ich es erklären kann.

Der X-Faktor ist:
Mein Lachen.
Mein Blick.
Meine Art zu fragen.
Mein Sein.

Nicht jeder sieht es.
Es ist da.

NOTIZEN

Y wie ...

YEAH!

Yeah! – das klingt nach Freude.
Nach „Ich darf!"
Nach „Ich will!"
Nach: „Ich lebe!"

Ein kleines Wort,
großes Gefühl,
große Emotion.
Ein Funken,
der andere mitreißt.

NOTIZEN

Z wie ...

ZUFRIEDEN

Nicht alles ist perfekt.
Nicht alles ist geklärt.
Nicht alles ist leicht.

Jedoch:
Ich bin da.
Ich bin ganz.
Ich bin genug.

Zufrieden ist kein Zustand –
es ist eine Haltung.
Ein leises Ja zum Jetzt.

Zufrieden beginnt,
wo das Vergleichen endet.

Danksagung

Meinem **Schreibtreff** – die haben mir Mut
gemacht, weitere Texte zu verfassen und
mich auf meinem Weg begleitet.

Meiner **Fastengruppe** von

 – Kirche, die verbindet“ –

hier kam der Impuls, diese positiven Texte
zu schreiben.

Und meiner **Frau Anke** – sie hat mich in
den Schreibtreff „gestoßen“ und an meine
„Schreibkunst“ geglaubt.

Impressum

Autor: Michael H. Janssen

© 2025 Michael H. Janssen

Verlag: BoD · Books on Demand GmbH,
Überseering 33, 22297 Hamburg,
bod@bod.de
Druck: Libri Plureos GmbH,
Friedensallee 273, 22763 Hamburg
ISBN: 978-3-8192-0824-9

Gestaltung & Satz: Michael H. Janssen
mit Hilfe von ChatGPT
Bild: Michael H. Janssen